MUST READ | **BOEKANALYSE**

Honderd jaar eenzaamheid

• • • • • • • • • • • • • •

Gabriel García Márquez

BOEKANALYSE

Geschreven door Marie Bouhon
Vertaald door Nikki Claes

Honderd jaar eenzaamheid

- -

GABRIEL GARCÍA MÁRQUEZ

GABRIEL GARCÍA MÁRQUEZ

COLOMBIAANSE SCHRIJVER EN JOURNALIST

- **Geboren in Aracataca (Colombia) in 1927**
- **Overleden in Mexico City in 2014**
- **Opmerkelijke werken:**
    - *De bladstorm* (1955), roman
    - *Kroniek van een aangekondigde dood* (1981), roman
    - *Love in the Time of Cholera* (1985)

Gabriel García Márquez, die door de Franse krant *Le Monde wordt* beschouwd als "een van de grootste schrijvers van de 20th eeuw", bracht internationale bekendheid aan de Latijns-Amerikaanse literatuur en in het bijzonder aan auteurs uit de "Latijns-Amerikaanse boom", zoals Jorge Luis Borges (Argentijn, 1899-1986), Julio Córtazar (Argentijn, 1914-1984) en Mario Vargas Llosa (Peruaan, geboren in 1936).

Hoewel hij niet aan de wieg stond van het genre magisch realisme, is zijn roman *Honderd jaar eenzaamheid* een van de meest opmerkelijke voorbeelden ervan. Thema's als eenzaamheid, dood, geweld en macht zijn alomtegenwoordig in het werk van deze getalenteerde schrijver, die in 1982 de Nobelprijs voor de Literatuur won.

HONDERD JAAR EENZAAMHEID

EEN BELANGRIJK WERK OVER HET LATIJNS-AMERIKAANSE LANDSCHAP

- **Genre:** magisch realisme
- **Referentie-uitgave**: García Márquez, G. (2000) *Honderd jaar eenzaamheid*. Rabassa, G. Londen: Penguin.
- **Eerste editie:** 1967
- **Thema's:** eenzaamheid, tijd, dood, familie, geweld, ongeluk, generaties.

Honderd jaar eenzaamheid, voor het eerst gepubliceerd in Argentinië in 1967, wordt door de Chileense dichter Pablo Neruda (1904-1973) beschouwd als "de grootste openbaring in de Spaanse taal sinds Don Quichot [een roman geschreven door Miguel de Cervantes in de 18e eeuw]". De roman werd geschreven in absolute armoede en armoede – de schrijver moest een deel van zijn bezittingen verkopen om het manuscript naar een uitgever te kunnen sturen – maar was zo succesvol dat het Gabriel García Márquez internationale bekendheid bracht. Het is nu in bijna 35 talen vertaald, er zijn meer dan 30 miljoen exemplaren van verkocht en het werd in 1969 bekroond met de Franse *Prix du Meilleure Livre Étranger* (Beste Buitenlandse Boekprijs) en in 1972 met de Venezolaanse Rómulo Gallegos-prijs.

Via thema's als eenzaamheid en vergetelheid vertelt de roman twee verhalen: dat van een familie gedurende zeven generaties, en dat van het dorp dat zij stichtten, van de opbouw tot de ondergang ervan.

SAMENVATTING

EEN COMPLEXE STAMBOOM

José Arcadio Buendia en Ursula Iguarán zijn een emblematisch paar, aan de basis van de zes generaties Buendia en het dorp Macondo. Ondanks hun vrees dat volgens de legende een incestueus paar een kind met een varkensstaart zou baren, besluiten de twee neven een gezin te stichten. Wanneer hun kinderen worden geboren, zijn ze opgelucht dat noch José Arcadio, noch Aureliano, noch Amaranta misvormd zijn. Hun gezin groeit verder wanneer ze Rebecca, een Indiaanse wees, en Arcadio, de zoon van José Arcadio en Pilar Ternera, adopteren. Ze besluiten hen op te voeden als hun eigen kinderen: Arcadio komt er nooit achter dat de mensen die hem hebben opgevoed eigenlijk zijn grootouders zijn.

Dan vliegt de tweede generatie het nest uit: Aureliano krijgt een kind met Pilar, dat Aureliano José wordt genoemd, maar ook 17 andere kinderen, allemaal van verschillende moeders en allemaal naar hem vernoemd. José Arcadio, die net terug is van een reis met een groep reizigers, valt voor zijn adoptiezus Rebecca en besluit met haar te trouwen. Amaranta daarentegen blijft een oude vrijster, hoewel ze wel een speciale band heeft met haar neef, Aureliano José.

In de derde generatie is Arcadio weliswaar de enige die kinderen krijgt (Remedios, José Arcadio II en Aureliano II), maar hij voedt ze niet op, want hij sterft als ze nog heel jong zijn.

Aureliano II is ook de enige die kinderen krijgt: Amaranta Ursula, José Arcadio en Renata Remedios. Renata, zijn jongste, heeft intieme relaties met Mauricio Babilonia terwijl ze niet getrouwd zijn, en wordt daarom naar een klooster gestuurd waar ze bevalt van hun zoon, Aureliano Babilonia.

Het ouderschap van dit kind wordt geheim gehouden en daarom wordt hij onbewust verliefd op zijn tante, Amaranta Ursula. Uit deze incestueuze relatie wordt Aureliano, de laatste van de Buendias, geboren, vervloekt met een varkensstaart, zoals de legende voorspelde. Zijn moeder sterft in het kraambed en zijn vader, overmand door verdriet, vergeet het kind, waardoor het kind sterft. Aureliano Babilonia zondert zich vervolgens volledig af van de buitenwereld en gaat aan de slag met het vertalen van de manuscripten van de reiziger Melquíades.

HET VERHAAL VAN EEN DORP

Na een gevecht waarbij José Arcadio Buendia zijn vijand Prudencio Aguilar doodt, besluit hij zijn dorp te verlaten, omdat hij achtervolgd door de geest van zijn slachtoffer. Onder het voorwendsel van een expeditie om de oceaan te vinden en er een nieuwe stad te bouwen, vertrekt hij samen met enkele andere families. Na maanden tevergeefs zoeken vestigen ze zich op een plaats die het dorp Macondo zal worden.

Aanvankelijk is dit kleine dorp zelfvoorzienend, volledig geïsoleerd van de buitenwereld, maar geleidelijk aan komen er reizigers die de meest recente uitvindingen – met name spiegels en vliegende tapijten – en het nieuws van het land meebrengen. Zo begint de uitbreiding van Macondo, waarvan de eerste fase de komst is van de eerste buitenlandse familie, de Moscotes. Don Apolinar Moscote wil het stadje besturen in overeenstemming met de conservatieve regering, en lokt de eerste politieke conflicten uit: de inwoners verdelen zich vervolgens in twee groepen, liberalen en conservatieven. Aureliano Buendia leidt vervolgens een opstand die een burgeroorlog zal veroorzaken waarin beide facties in het hele land tegenover elkaar komen te staan.

Macondo wordt dankzij de ontwikkeling van zijn handel, kleine bedrijven en communicatiemiddelen een belangrijke moderne stad in de regio. De eerste tekenen van verval worden echter zichtbaar. Ten eerste worden na een staking op een bananenplantage alle arbeiders gedood door het nationale leger. Dan zijn er de stortregens, die Macondo bijna vijf jaar lang teisteren, waardoor het opnieuw van de rest van de wereld wordt geïsoleerd en veel inwoners op de vlucht slaan. De stad raakt, net als de familie Buendia, geleidelijk aan in vergetelheid en eenzaamheid. Intense winden vernietigen de laatste tekenen van leven in het dorp en laten niets achter.

HET ONGELUK VAN DE FAMILIE BUENDIA

Melquíades, de leider van een groep reizigers, gaat elk voorjaar naar Macondo, voordat het dorp zich uitbreidt. Al vroeg raakt José Arcadio Buendia bevriend met deze mysterieuze man die hem honderden wonderen brengt. Na zijn dood en wederopstanding wordt Melquíades verwelkomd door de Buendia's, en begint hij manuscripten te schrijven die niemand kan ontcijferen. Dit is in feite de inscriptie van de vloek die de familie veroordeelt tot honderd jaar eenzaamheid, vergetelheid en ondergang.

De eerste tekenen van deze vloek verschijnen vlak na de aankomst van Rebecca in Macondo. Het zijn de plaag van de slapeloosheid en de plaag van de vergetelheid. Vanaf dat moment slapen de door deze kwalen getroffen inwoners niet meer en vergeten ze alles, ook hun verleden en de namen van eenvoudige voorwerpen. Maar een drankje van Melquíades geneest deze ziekten. Helaas is de oplossing slechts tijdelijk en neemt de veroordeling mettertijd radicalere vormen aan: de eenzaamheid en afzondering van de familie Buendia, die niemand zich herinnert; de stortregens en de winden die Macondo verwoesten. Alleen Aureliano Babilonia, de laatste overlevende van zijn familie, slaagt erin deze manuscripten te ontcijferen. Maar terwijl hij leest, beseft hij dat hij niet kan stoppen met lezen omdat, wanneer hij de laatste regels afmaakt, zowel het dorp als hijzelf zullen worden vernietigd.

KARAKTERSTUDIE

De roman vertelt het verhaal van een hele familie en van een dorp door verschillende generaties heen. Er zijn gemakkelijk meer dan 30 personages, daarom worden in de onderstaande selectie alleen de belangrijkste vermeld, degenen wier acties een diepgaande invloed hebben op de plot.

JOSÉ ARCADIO BUENDIA

José Arcadio Buendia is de aanstichter van een reis die verschillende families naar het dorp Macondo leidt. Hij stelt deze reis voor om te ontsnappen aan de geest van zijn vijand die hij gedood heeft, Prudencio Aguilar. Zijn strategie werkt, want hij ziet de geest een aantal jaren niet.

José Arcadio Buendia is een leider, die de orde in het dorp handhaaft dankzij zijn natuurlijke gezag en zijn gevoel voor eerlijkheid. Hij is nieuwsgierig van aard en kijkt altijd uit naar de komst van de reizigers, die wonderlijke dingen meebrengen. Omdat ook hij wil begrijpen hoe moderne voorwerpen en verschillende verschijnselen werken, doet hij veel experimenten en vermaakt hij zich in zijn laboratorium door verschillende dingen uit elkaar te halen. Ook laat hij zijn zoon Aureliano kennismaken met de alchemie.

Geleidelijk aan, door de terugkeer van Prudencio's geest, wordt hij krankzinnig en verliest het contact met de werkelijkheid. Zijn familie bindt hem vast aan de stam van een kastanjeboom, waarmee zijn lichaam één wordt. In volledige harmonie met de natuur praat hij met zijn oude vijand. Enkele dagen voor zijn dood brengt zijn vrouw hem terug naar zijn slaapkamer, zodat hij waardig kan sterven.

URSULA IGUARÁN

Ursula Iguarán vormt samen met haar neef José Arcadio Buendia de helft van het stichtingspaar van Macondo. Zij is zeer bijgelovig en vreest dat haar kinderen door haar incestueuze relatie misvormd door een varkensstaart of als leguanen geboren zullen worden. Desondanks is ze de bron van een familie van zeven generaties en kent ze bijna al haar nakomelingen. Ze leeft meer dan 100 jaar, en blijkt het echte hoofd van de familie te zijn. Bovendien zorgt ze voor het huis, voedt ze de kinderen en kleinkinderen op en handhaaft ze de orde in het dorp als haar man druk is met zijn uitvindingen.

Om in de behoeften van haar huishouden te voorzien, runt ze een succesvolle bakkerij, waardoor de Buendia's in modern comfort kunnen leven. In haar vrije tijd is ze ook genezeres, en behandelt ze de verschillende kwalen en ziekten met plantaardige drankjes, die ze voor de gelegenheid maakt.

MELQUIADES

Melquíades staat aan het hoofd van een groep reizigers die regelmatig Macondo bezoeken. Vrij snel sluit hij een hechte vriendschap met José Arcadio Buendia. Omdat zij dezelfde nieuwsgierigheid naar de dingen van de wereld delen, ondernemen zij beiden vele experimenten, waaronder het maken van goud uit andere metalen of het fotograferen van God met behulp van de daguerreotypie; helaas mislukken allemaal.

Op een dag merkt de familie Buendia dat Melquíades helaas niet bij de andere reizigers is die voor de lente aankomen. Hij is namelijk gestorven aan koorts in de zeeën van Azië. Enkele jaren later komt hij echter weer tot leven en klopt aan bij zijn vriend, die hem met open armen ontvangt, zonder vragen te stellen. Vervolgens zetten ze hun experimenten voort, maar gaandeweg raakt Melquíades geïsoleerd en begint hij op oud perkament te krabbelen. Bij zijn tweede dood proberen velen tevergeefs zijn geschriften te ontcijferen, maar alleen Aureliano Babilonia slaagt daar uiteindelijk in.

JOSÉ ARCADIO

José Arcadio is de oudste zoon van José Arcadio Buendia en Ursula Iguarán. Hij is een rustig kind en is niet bijzonder geïnteresseerd in de experimenten van zijn vader. Tijdens zijn adolescentie wordt hij verliefd op Pilar Ternera, het dienstmeisje. Na elke nacht die hij met haar doorbrengt, vertelt hij zijn broer Aureliano alles, wat hen dichter bij elkaar brengt. Op een dag in de lente kondigt Pilar aan dat ze zwanger is. De toekomstige vader, bang, verlaat haar om zichzelf af te leiden met de reizigers. Hij ontmoet dan een meisje op wie hij verliefd wordt en verlaat het dorp met de nomadengroep.

Jaren later, als hij terugkeert, heeft hij tatoeages, is hij gespierd, heeft hij al zijn manieren vergeten en heeft hij een sterk karakter. Hij ontmoet opnieuw Rebecca, zijn adoptiezus, die veel mooier is geworden. Ze zonderen zich af van de familie om een romantische relatie na te streven zonder zich te hoeven verbergen, ondanks het verbod van hun moeder. Zodra hij met zijn vrouw een klein huis heeft betrokken, neemt José Arcadio het naburige land in beslag en begint hij belastingen te innen. Hij komt ook dichter bij Arcadio, de zoon die hij met Pilar had, zonder ooit toe te geven hoe ze verwant zijn.

AURELIANO BUENDIA, OFTEWEL DE KOLONEL

Aureliano is de tweede zoon van het stichtersechtpaar van het dorp Macondo. Hij is een mystieke figuur die een voorspeller blijkt te zijn. Vanaf zijn geboorte is hij namelijk zeer scherpzinnig en voorspelt hij met grote zekerheid verschillende gebeurtenissen, zoals het vallen van een pan of de komst van een vreemdeling. Later kondigt hij zelfs de sterfdatum van zijn vader aan en verijdelt hij verschillende van diens complotten dankzij zijn voorgevoelens. Hij interesseert zich ook voor de experimenten van zijn vader en wordt specialist in het maken van kleine gouden visjes, die hij aan iedereen uitdeelt.

Omdat hij verliefd is geweest, valt hij voor de jonge Remedios Moscote, die dan pas negen jaar oud is. Uiteindelijk overtuigt hij zowel zijn als haar ouders om hun huwelijk te accepteren, wat gebeurt zodra Remedios de puberteit bereikt. Helaas sterft het jonge meisje tijdens de bevalling, samen met het kind.

Aureliano is ontroostbaar door dit verlies. Even later introduceert zijn schoonvader hem in de politiek. Nadat hij het frauduleuze karakter van de stemming heeft ontdekt, sluit hij zich aan bij de liberalen en leidt hij een opstand. Hij toont zijn waarde in de oorlog door een groep rebellen te leiden en verschillende veldslagen te winnen, en wordt benoemd tot kolonel. Hij is vastberaden en weigert zich vaak over te geven, zelfs wanneer alle hoop verloren lijkt. Uiteindelijk tekent hij echter een vredesverdrag met de conservatieve regering en probeert dan zelfmoord te plegen, maar dat mislukt. Hij zondert zich af van het dorp en brengt de rest van zijn dagen door in zijn werkplaats, alleen, met het maken van kleine visjes.

DE MANNEN VAN DE FAMILIE BUENDIA

Onder de mannen van de familie Buendia kunnen we twee soorten karakter onderscheiden: zij die lijken op José Arcadio en zij die meer lijken op het karakter van Aureliano.

Het eerste type heeft een impulsief karakter en is gebouwd, terwijl het tweede type eerder rustig en asociaal is. Hun voornamen geven inzicht in hun karakter, want degenen die tot de eerste groep behoren, hebben namen die zijn afgeleid van die van José Arcadio (Arcadio, José Arcadio II, José Arcadio), terwijl de namen van de anderen zijn afgeleid van die van Aureliano (Aureliano José, Aureliano II, Aureliano Babilonia).

ANALYSE

MAGISCH REALISME

Honderd jaar eenzaamheid is een roman die behoort tot het genre magisch realisme. Hoewel de term voor het eerst opdook in 1925 in een essay van Franz Roh (Duits historicus, fotograaf en kunstcriticus, 1890-1965), waarin hij expressionistische kunstwerken beschreef, verspreidde dit genre zich officieel in de Latijns-Amerikaanse literatuur in de jaren veertig. De belangrijkste auteurs die het gebruikten, naast Gabriel García Márquez, waren Jorge Luis Borges, Miguel Ángel Asturias (Guatemalteek, 1899-1974), Alejo Carpentier (Fransman, 1904-1980) en Juan Rolfo (Mexicaan, 1917-1986). *One Hundred Years of Solitude* is dus zeker niet de aanstichter van deze beweging, maar wel het meest geciteerde voorbeeld van het genre, en het is dankzij dit werk dat de trend wereldwijd bekend werd.

Zoals de naam al aangeeft, vermengt magisch realisme een element van realisme met een bovennatuurlijke dimensie. De setting van het verhaal is dus volledig geloofwaardig: plaatsen kunnen worden gekoppeld aan bestaande locaties en de beschreven gebeurtenissen zouden echt gebeurd kunnen zijn. Bepaalde elementen komen echter uit de sfeer van het imaginaire, de magie en de fantasie.

De roman van García Márquez vermengt deze twee dimensies zeer doeltreffend. Enerzijds speelt het verhaal zich af in een klein, geïsoleerd dorp, dat sterk lijkt op Aracataca, de woonplaats van de schrijver. Het alomtegenwoordige gewapende conflict tussen de liberalen en de conservatieven doet in werkelijkheid denken aan de Duizend Dagen Oorlog, een burgeroorlog die in Colombia plaatsvond tussen 17 oktober 1899 en 21 november 1902. De staking van de arbeiders op de bananenplantage en het daaropvolgende bloedbad zijn een directe verwijzing naar de opstand, in november 1928, van de arbeiders van de United Fruit Company. Naast de verschillende elementen die het geloofwaardige spatio-temporele kader van het verhaal bepalen, zijn ook de uitvindingen die de schrijver noemt eigentijds: de telegraaf, de daguerreotypie, de trein, enzovoort.

Anderzijds is het werk doorspekt met bovennatuurlijke elementen, zoals de levitatie van de dorpspastoor wanneer hij warme chocolademelk drinkt, de transformatie van een reiziger in een plas teer, het vliegende tapijt, de bloemenregen wanneer José Arcadio Buendia sterft, of de aanwezigheid van geesten. Er zij op gewezen dat deze elementen, hoewel ze niet bestaan in onze werkelijkheid, aanwezig zijn in de werkelijkheid van het verhaal, waardoor ze de verteller of de verschillende personages niet bijzonder choqueren. Deze roman toont ons dus een wereld waarin werkelijkheid en magie op natuurlijke wijze naast elkaar bestaan.

CYCLISCHE TIJD

De temporaliteit van deze roman is ongewoon en kan misschien worden omschreven als cyclisch. De gebeurtenissen herhalen zich namelijk vaak, net als de namen en kenmerken van de verschillende personages, en wel zodanig dat de lezer de indruk krijgt dat het verhaal nooit vordert, alsof het in een eindeloze lus blijft steken. Het belangrijkste voorbeeld hiervan is de aanwezigheid van incest in de relaties tussen de familieleden Buendia, die van generatie op generatie terugkeert: het begint met José Arcadio Buendia en Ursula Iguarán, de twee neven, gaat verder met Amaranta en Arcadio, haar neef, en met de relatie tussen Aureliano Babilonia en Amaranta Ursula, zijn tante.

Bovendien is elke wending in de roman in feite een integraal onderdeel van Melquíades' manuscripten, die de lezer pas aan het eind van de roman ontdekt. Alles is geschreven, vooraf bepaald en onvermijdelijk. Deze dubbele dimensie van het verhaal, via het door Aureliano Babilonia gelezen manuscript, is in feite een "mise en abyme".

 # GOED OM TE WETEN.

Mise en abyme' is een proces waarbij een element binnen een ander element van dezelfde soort wordt gepresenteerd. We vinden het vaak in schilderijen wanneer bijvoorbeeld de onderwerpen van een schilderij ook op de achtergrond verschijnen, in een spiegel (zoals in **Het portret van Arnolfini** (1434) van Jan Van Eyck – Vlaamse schilder, rond 1390-1441). In de literatuur wordt het getoond door de aanwezigheid van een subplot dat lijkt op het hoofdplot, bijvoorbeeld wanneer een personage een boek leest dat precies het verhaal vertelt van het werk dat de eigenlijke lezer leest. Dit proces wordt met name toegepast in **Don Quichot** (1605 dan 1615) van Miguel de Cervantes (Spaanse schrijver, 1547-1616), in **The Neverending Story** (1979) van Michael Ende (Duitse schrijver, 1929-1995) of zelfs in **The Truth about**

the Harry Quebert Affair (2012) van Joël Dicker (Zwitserse Franse schrijver, geboren in 1985).

HET THEMA EENZAAMHEID

De eenzaamheid is in de hele roman aanwezig, door bepaalde personages, de ligging van het dorp of zelfs door de dood. Net als de titel van het boek komen de 100 jaar eenzaamheid overeen met de vloek van de familie Buendia: deze mensen, veroordeeld tot een leven in eenzaamheid, creëren een dorp dat volledig geïsoleerd is van de wereld. Ondanks de technologische vooruitgang (wegen, telegraaf, enz.) blijft Macondo een nogal ongemakkelijke aanloophaven. Pas met de komst van de trein wordt het stadje echt toegankelijk voor de rest van het land, maar dat zal niet gunstig zijn: er vinden verschrikkelijke gebeurtenissen plaats van het bloedbad onder de arbeiders tot de stortregens en de wind die het stadje verwoesten.

Bovendien belichamen de meeste personages een vorm van eenzaamheid: José Arcadio Buendia, de oprichter, gevangen in zijn eigen delirium, is vastgebonden aan een boom, waar hij alleen leeft, weg van de wereld en van de werkelijkheid; Ursula is gevangen in haar huis, omdat ze blind wordt; de kolonel Aureliano is alleen in zijn laboratorium om kleine goudvisjes te maken; Amaranta wijst alle romantische voorstellen die ze krijgt af; Rebecca zondert zich na de dood van José Arcadio af en ziet niemand meer, behalve een bediende; Aureliano Babilonia in Macondo waar iedereen hem vergeten is en waar hij in zijn eentje in een kamertje de ontcijfering van de manuscripten afmaakt.

Het gevoel van eenzaamheid neemt toe aan het einde van de roman, door de vergetelheid die alle inwoners van Macondo ervaren tijdens de plaag van de vergetelheid, vervolgens door die van het land dat zich het bestaan van het dorp niet meer herinnert en tenslotte door de ervaring van de Buendia's wanneer, ondanks hun uitnodigingen, niemand op hun feestjes komt. Dit veroorzaakt niet alleen het isolement van het dorp ten opzichte van de rest van de wereld, maar ook van de personages onderling en van bepaalde hoofdpersonen ten opzichte van de werkelijkheid.

VERDERE REFLECTIE

ENKELE VRAGEN OM OVER NA TE DENKEN...

- Wat rechtvaardigt de plaats van *Honderd jaar eenzaamheid* in het genre van het magisch realisme? Gebruik vijf voorbeelden uit de roman.

- De personages in het boek zijn bang dat er kinderen worden geboren met varkensstaarten. Waarom zijn ze daar bang voor? Welke elementen hebben volgens u geleid tot de geboorte van de laatste Buendia met dat kenmerk?

- Leg de titel van het boek uit aan de hand van voorbeelden uit de tekst.

- Hoe komt de magische dimensie die in het boek aanwezig is volgens jou niet bovennatuurlijk over? Leg je antwoord uit aan de hand van voorbeelden uit het boek.

- Leg uit en geef voorbeelden van beide achteruitgangen die we in *Honderd jaar eenzaamheid zien*: die van het gezin en die van het dorp.

- Welke elementen geven het verhaal zijn cyclische karakter?

- Wie zijn volgens jou de belangrijkste personages in de roman? Leg je antwoord uit.

- Geef commentaar op het volgende fragment:

> *"Er was geen mysterie in het hart van een Buendía dat voor haar ondoordringbaar was, want een eeuw van kaarten en ervaring had haar geleerd dat de geschiedenis van de familie een machine was met onvermijdelijke herhalingen, een draaiend wiel dat tot in de eeuwigheid zou zijn doorgegaan, ware het niet dat de as geleidelijk en onherstelbaar verslijt"* (p.288).

- Hoewel het boek internationaal geprezen is, is het nooit verfilmd. Wat zou daar volgens u de reden van kunnen zijn?

- Vergelijk *Honderd jaar eenzaamheid* met de roman *Pedro Paramo* (1955) van Juan Rolfo, die ook tot het genre magisch realisme behoort. Wat zijn de overeenkomsten en verschillen?

VERDER LEZEN

REFERENTIE-UITGAVE

García Márquez, G. (2000) *Honderd jaar eenzaamheid*. Rabassa, G. Londen: Penguin.

REFERENTIESTUDIES

Chao, R., Delcas, M. en Noiville, F. (2014) Mort de Gabriel García Márquez, légende de la littérature. *Le Monde*. [Online]. [Geraadpleegd op 20 november 2015]. Beschikbaar op: < http://www.lemonde.fr/disparitions/article/2014/04/17/l-ecrivain-gabriel-garcia-marquez-est-mort_4401388_3382.html>

Fauchier, J. (2006) L'amnésie chez G. García Márquez. De la disparition physique des peuples à la disparition de la mémoire collective. *Babel: littératures plurielles*. Vol. 13, p. 121-139.

Martin G. (2009) *Gabriel García Marquez: une vie*. Parijs: Grasset.

Ordine N. (2012) *Les portraits de Gabriel García Márquez: la répétition et la différence*. Parijs: Belles Lettres.

*We horen graag van jou! Laat
een reactie achter op jouw online bibliotheek
en deel je favoriete boeken op social media!*

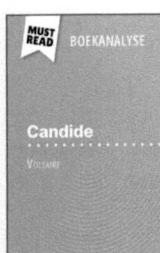

De uitgever garandeert de betrouwbaarheid van de gepubliceerde informatie, die echter niet onder zijn verantwoordelijkheid valt.

www.50minutes.com

Master ISBN: 9782808688246
Papier ISBN: 9782808699648
Wettelijk depot: D/2023/12603/1244

Omslag: © Primento

Digitaal ontwerp: Primento, de digitale partner van uitgevers.